La genèse du monothéisme biblique

Alexandre CAUCHOIS

La genèse du monothéisme biblique

Du même auteur

Histoire Insolite et Secrète des Témoins de Jéhovah
BoD, 2017

Santé et Sexualité chez les Témoins de Jéhovah
BoD, 2018

Qui sont les Témoins de Jéhovah ? Les origines
BoD, 2020

Témoins de Jéhovah et Franc-Maçonnerie : l'enquête vérité
BoD, 2023

Roman

DIEU €$† BON
BoD, 2024

Sommaire

Introduction

Le monothéisme, nous apprend-on à l'école, est l'invention des Hébreux.

Pourtant, l'étude des croyances antiques les plus anciennes nous permet de déterminer que cette conception est loin d'être la réalité. D'abord, parce que les Hébreux n'étaient, quoi qu'on en dise, pas monothéistes. Ensuite, parce que si les Hébreux sont qualifiés de monothéistes, ils ne sont pas les premiers dans l'Histoire à croire en un dieu unique.

Je vous propose de remonter le temps et d'examiner les éléments historiques qui permettent de comprendre l'évolution de la croyance des Hébreux, qui régit aujourd'hui tout autant celle des Juifs, des Chrétiens et des Musulmans.

Mais avant, je crois bon de rappeler que la Torah, ou Pentateuque pour les Chrétiens, c'est-à-dire les cinq premiers livres de la Bible, n'a été mise par écrit qu'entre le VIIe et le Ve siècle avant notre ère, soit donc à l'époque Perse, alors que le texte permet de dater la vie de Moïse vers le XIIIe siècle.

Si la tradition orale a pu être préservée jusqu'au moment de l'écriture du récit, elle n'est que partiellement conforme aux faits qu'elle révèle et elle est empreinte de l'ensemble des éléments qui ont fait l'Histoire, entre les instants qu'elle expose et le moment de leur mise par écrit. On ne s'étonnera donc pas des multiples erreurs historiques que le texte renferme.

L'on retrouve ainsi le Pharaon offrant des chameaux à Abraham, en Genèse 12 : 15, alors que nous savons que cet animal n'a été introduit en Égypte, par les Romains, que mille cinq cents ans après les faits qui sont relatés. Si ce fait est anecdotique, il permet de démontrer, comme de nombreux autres, que les auteurs ont écrit beaucoup plus tard les récits contenus dans la Torah. Ils se sont appuyés sur des éléments de leur quotidien, qui leur paraissaient factuels, alors qu'ils sont bel et bien des erreurs historiographiques.

L'objectif de cet ouvrage est d'apporter des éléments historiques sur les origines réelles des croyances et des pratiques religieuses des Hébreux.

Nous savons par exemple que les Hébreux, puis les Juifs, déchirent leurs habits et se couvrent de poussière pour symboliser le deuil, comme lorsqu'ils perdent trente-six hommes dans une bataille, en Josué 7 : « Josué déchira ses vêtements, et se prosterna jusqu'au soir le visage contre terre devant l'arche de l'Éternel, lui et les anciens d'Israël, et ils se couvrirent la tête de poussière. » Nous savons aujourd'hui que cette pratique n'est pas une initiative propre à ce peuple, puisque « la manifestation la plus courante du deuil consistait à déchirer son habit et à se couvrir la tête de poussière. »[1] Ce que l'on retrouve par exemple dans le récit cananéen de *L'Arc céleste*, datant de

---

[1] *Dictionnaire de la Civilisation Mésopotamienne*, sous la direction de Francis Joannès, Éditions Robert Laffont, 2001. Thème « Sépultures et rites funéraires ».

2000 avant notre ère, où « Daniel fut saisi d'effroi, et déchira ses habits en signe de deuil. »

C'est ainsi au travers des croyances et des pratiques des Mésopotamiens et des Égyptiens, de textes religieux péribibliques ou antérieurs, que nous allons retrouver, vous allez le voir, les origines de nombre de pratiques que l'on dit pourtant propres aux Hébreux.

À l'origine, les dieux

Le polythéisme est dès le commencement de l'humanité la base de toute croyance. L'on retrouve en tout l'essence de la divinité. Tout ce qui se trouve dans la nature est un dieu, du plus petit au plus grand élément, jusqu'aux astres. Le Soleil et la Lune figurent ainsi parmi les principaux, et ceux que l'on perçoit plus difficilement, c'est-à-dire les planètes les plus éloignées, comme Vénus, sont des divinités moins importantes.

Certains dieux obtiennent une vénération primordiale, car ils sont visibles au quotidien. On leur érige des monuments et des lieux de culte qui culminent, des villes leur sont dédiées. Ils sont pour les humains les dieux tutélaires, à qui l'on se doit de faire au quotidien une action de grâce. L'oublier un seul jour peut signifier une colère contre laquelle il est impossible d'agir.

Cette façon de vénérer les dieux, née au Néolithique, reste longtemps la base de toute croyance. Ainsi, le Soleil s'impose rapidement comme la base de la religiosité. Chez les Égyptiens, par exemple, la course du Soleil commence chaque matin par sa naissance et finit chaque soir par sa mort. Il renait jour après jour, dans une course incessante, que l'on vénère. Les Égyptiens enterrent les personnes importantes du côté du couchant, là où l'astre suprême termine sa course quotidienne.

Tous les peuples se retrouvent dans cette idée que les astres ont une importance primordiale ; ils sont au centre de leur vision religieuse de l'univers qui les entoure. Dans ce grand ensemble, tous les dieux coexistent, souvent en paix, parfois en guerre. Ils obtiennent un rang plus ou moins élevé, en fonction de la définition que les humains se font du monde et de leur microcosme.

Certaines divinités sont ainsi les dieux de l'orage, cet évènement imprévisible qui a une importance primordiale dans la vie de tous les jours. En effet, lorsque les champs sont détruits par une tempête, quand la grêle tue l'ensemble d'un troupeau, on y voit là une action divine. Il faut offrir à ce dieu primordial une offrande à la hauteur de son courroux. C'est ainsi que les premiers sacrifices sont offerts à ces dieux de l'orage, représentés généralement comme des divinités violentes et jalouses.

Alors qu'au Paléolithique, il n'existe pas de classes sociales et que les humains voient dans les dieux leurs égaux, cette vision change avec l'avènement des rassemblements humains, au Néolithique. Alors, « quand l'homme s'installe dans de petits villages pour élever ses troupeaux et cultiver ses terres, la vie reste relativement égalitaire, mais une suprématie de l'humain sur le reste du monde s'impose, et avec elle la figure d'une déesse suprême, pourvoyeuse de la fécondité, donc des richesses, placée au-dessus des esprits des ancêtres, ces figures naturelles de proximité.

Dans les cités, la donne change. Pour des raisons d'organisation et de reconnaissance sociale, d'héritage matériel et dynastique, l'identité familiale s'impose : une famille se rattache à un nom qui identifie l'ensemble de ses membres, on ne se contente plus de porter un prénom, désormais, on est aussi le « fils de ». L'identité des individus passant d'abord par leur nom, il semble alors tout à fait logique qu'il en soit de même pour les dieux : là où l'on désignait autrefois les esprits par leur fonction (l'esprit de la foudre, du soleil, des arbres, de telle ou telle race animale), on nomme dorénavant des dieux en associant ce nom à sa fonction. Et, de même que plus tard chaque agglomération médiévale occidentale aura son saint tutélaire, les cités mésopotamiennes, et plus largement celles de l'âge du bronze qui remplace progressivement l'ère néolithique, se placent sous la protection d'un dieu qui n'est pas exclusif, mais qui est réputé veiller en particulier sur cette cité et la privilégier par rapport aux autres cités. » [2]

Il est alors impossible de penser Dieu comme un Être Unique. Chaque dieu a sa fonction, son utilité, sa raison d'être. Ils sont complémentaires, forment un tout, parfois indissociable.

---

[2] *Petit traité d'histoire des religions*, Frédéric Lenoir, Plon, 2008

La Création

Ainsi commence le récit ougaritique *Histoire de Baal*, écrit vers 1800 avant notre ère :

« Dans l'obscur début des temps, alors que les dieux se partagèrent le monde, la terre n'avait encore ni seigneur ni maître. Parmi les dieux, deux briguaient spécialement cet honneur : l'un était Baal, dieu de l'air et de la pluie ; l'autre était Yam, le dragon qui régnait sur les eaux. […] Longue et âpre fut leur discussion, à tel point qu'ils finirent par recourir à Dieu pour les départager. »

Ainsi commence la Genèse, écrite 1200 ans plus tard :

« Au commencement, Dieu (*Elohîms*) créa (au pluriel dans le texte)[3] les cieux et la terre. La terre était tohu-et-bohu, une ténèbre sur les faces de l'abîme, mais le souffle d'Elohîms planait sur les faces des eaux. »

André Chouraqui confirme la proximité entre ces deux textes, affirmant que l'on peut voir dans le récit biblique « la divinité mésopotamienne identique à Yam de l'épopée ougaritique ». Bien entendu, il n'est pas simple de définir réellement ce que sont tohu ou bohu, ces mots étant des hapax. De fait, chaque traducteur a sa propre compréhension de ce qui est la seconde ligne de la Torah : « La terre était informe et vide », nous dit la

---

[3] Voir chapitre « Le pluriel de supériorité ».

version Louis Segond ; « terre vide solitude », selon La Bible des écrivains[4]… Voltaire est le premier à avoir mis les mots tohu et bohu dans le texte, en 1764, conformément à l'essence de l'original. Le texte hébreu s'appuie en effet sur des textes et idées antérieures, que l'on retrouve tout du long du récit, mais, comme nous le verrons, qui ont été modifiés, voire tout simplement supprimés.

L'ensemble de la Création est conçu par un acte simple, selon le récit de la Genèse : « Dieu dit… » et sa volonté prend forme. C'est la parole créatrice.

Cet élément est également tiré des croyances des Mésopotamiens. En effet, pour eux, l'énonciation d'un bien ou d'un mal suffit à le créer. L'expression orale d'une volonté prend vie, tout simplement. Par extension, les Mésopotamiens s'interdisent de prononcer oralement des choses qui peuvent devenir, croient-ils alors, réalité. À l'image de nombreuses personnes qui, aujourd'hui encore, refusent d'évoquer la probabilité de la maladie ou de la mort chez une personne qui leur est cher.

---

[4] Éditions Bayard, 2023.

Adam et Ève

La civilisation mésopotamienne nous offre un canon religieux d'une importance primordiale. Si aujourd'hui, on utilise, pour qualifier les textes religieux de l'époque, l'expression de « mythes » ou de « légendes », pour les Mésopotamiens, il s'agit de la base de leur croyance, au même titre que les livres sacrés pour de nombreux croyants aujourd'hui.

Il ne faut pas donc voir dans ces écrits une transcription historique de faits, mais des textes basés sur les croyances de l'époque, comme le rappelle Samuel Noah Kramer, dans *L'histoire commence à Sumer* :

« Tout [l']effort [de l'auteur] consiste à faire cadrer le déroulement des faits avec l'explication que lui impose a priori sa conception théocratique du monde. De là le style littéraire extrêmement original de cette histoire où s'entremêlent inextricablement les exploits des hommes et ceux des dieux. » [5]

Ces textes sont vivants, au même titre que, de nos jours pour des milliards de croyants, la Torah, la Bible ou le Coran.

Ainsi, le Jardin d'Éden se trouve présenté dans l'Épopée de Gilgamesh. C'est le Jardin des Dieux, situé

---

[5] Éditions Artaud, 1986.

entre le Tigre et l'Euphrate, berceau de la civilisation mésopotamienne. Cette idée est simplement reprise dans la Genèse. Le mot « paradis » n'existe pas alors, il s'agit d'un parc ou jardin. Les Grecs inventeront beaucoup plus tard le mot *paradeisos* pour désigner tout jardin ; alors naîtra étymologiquement le paradis, aujourd'hui synonyme en premier lieu du Jardin d'Éden.

Historiens et commentateurs indiquent que les « versions de la création de l'homme […] rappellent de très anciens mythes mésopotamiens (y compris celui de l'arbre de vie) [sont] génialement réinterprétés dans la lumière neuve de l'Élohisme unitaire éthique. » [6]

Dans la Genèse, « Dieu fonctionne comme un potier qui crée l'humain à partir de la boue. Il le rend vivant en lui insufflant son souffle. C'est un changement intéressant par rapport aux récits mésopotamiens. Dans ces mythes, les humains sont généralement créés à partir de l'argile, mais cette argile est mélangée au sang d'un dieu que les autres dieux ont mis à mort. C'est ce sang qui rend les humains vivants. Dans le récit biblique, ce sang a été remplacé par le souffle, mais les récits bibliques et mésopotamiens s'accordent sur l'idée que l'homme a quelque chose de divin en lui. »[7]

Placé au centre du Jardin d'Éden dans la Genèse, l'arbre de vie est nommé chez les Mésopotamiens « arbre sacré » et il représente la fertilité, l'abondance et le cycle de la vie. Il est alors associé à la déesse Inanna, qui prend le nom chez les Hébreux d'Asherah ; nous y reviendrons.

---

[6] *Entête (La Genèse)*, André Chouraqui, Éditions Jean-Claude Lattes, 1992.

[7] *Les 100 mots de la Bible*, Thomas Römer, PUF, 2023.

Le Déluge

La Genèse[8], chapitres 6 à 8, nous décrit le Déluge ainsi :

« les fils de Dieu virent que les filles des hommes étaient belles, et ils en prirent pour femmes parmi toutes celles qu'ils choisirent. Alors l'Éternel dit : Mon esprit ne restera pas à toujours dans l'homme, car l'homme n'est que chair, et ses jours seront de cent vingt ans. Les géants étaient sur la terre en ces temps-là, après que les fils de Dieu furent venus vers les filles des hommes, et qu'elles leur eurent donné des enfants : ce sont ces héros qui furent fameux dans l'antiquité. L'Éternel vit que la méchanceté des hommes était grande sur la terre, et que toutes les pensées de leur cœur se portaient chaque jour uniquement vers le mal. L'Éternel se repentit d'avoir fait l'homme sur la terre, et il fut affligé en son cœur. Et l'Éternel dit : J'exterminerai de la face de la terre l'homme que j'ai créé, depuis l'homme jusqu'au bétail, aux reptiles, et aux oiseaux du ciel ; car je me repens de les avoir faits. Mais Noé trouva grâce aux yeux de l'Eternel. Voici la postérité de Noé. Noé était un homme juste et intègre dans son temps ; Noé marchait avec Dieu. Noé engendra trois fils : Sem, Cham et Japhet. La terre était corrompue

---

[8] Sauf mention contraire, les passages de la Bible sont issus de la version Louis Segond.

devant Dieu, la terre était pleine de violence. Dieu regarda la terre, et voici, elle était corrompue ; car toute chair avait corrompu sa voie sur la terre. Alors Dieu dit à Noé : La fin de toute chair est arrêtée par devers moi ; car ils ont rempli la terre de violence ; voici, je vais les détruire avec la terre. Fais-toi une arche de bois de gopher ; tu disposeras cette arche en cellules, et tu l'enduiras de poix en dedans et en dehors. Voici comment tu la feras : l'arche aura trois cents coudées de longueur, cinquante coudées de largeur et trente coudées de hauteur. Tu feras à l'arche une fenêtre, que tu réduiras à une coudée en haut ; tu établiras une porte sur le côté de l'arche ; et tu construiras un étage inférieur, un second et un troisième. Et moi, je vais faire venir le déluge d'eaux sur la terre, pour détruire toute chair ayant souffle de vie sous le ciel ; tout ce qui est sur la terre périra. Mais j'établis mon alliance avec toi ; tu entreras dans l'arche, toi et tes fils, ta femme et les femmes de tes fils avec toi. De tout ce qui vit, de toute chair, tu feras entrer dans l'arche deux de chaque espèce, pour les conserver en vie avec toi : il y aura un mâle et une femelle. Des oiseaux selon leur espèce, du bétail selon son espèce, et de tous les reptiles de la terre selon leur espèce, deux de chaque espèce viendront vers toi, pour que tu leur conserves la vie. Et toi, prends de tous les aliments que l'on mange, et fais-en une provision auprès de toi, afin qu'ils te servent de nourriture ainsi qu'à eux. C'est ce que fit Noé : il exécuta tout ce que Dieu lui avait ordonné.

L'Eternel dit à Noé : Entre dans l'arche, toi et toute ta maison ; car je t'ai vu juste devant moi parmi cette génération. Tu prendras auprès de toi sept couples de tous les animaux purs, le mâle et sa femelle ; une paire des animaux qui ne sont pas purs, le mâle et sa femelle ; sept couples aussi des oiseaux du ciel, mâle et femelle, afin de conserver leur race en vie sur la face de toute la terre. Car, encore sept jours, et je ferai pleuvoir sur la terre quarante jours et quarante nuits, et j'exterminerai de la face de la terre tous les êtres que j'ai faits. Noé exécuta tout ce que l'Éternel lui avait ordonné. Noé avait six cents ans, lorsque le déluge d'eaux fut sur la terre. Et Noé entra dans l'arche avec ses fils, sa femme et les femmes de ses fils, pour échapper aux eaux du déluge. D'entre les animaux purs et les animaux qui ne sont pas purs, les oiseaux et tout ce qui se meut sur la terre, il entra dans l'arche auprès de Noé, deux à deux, un mâle et une femelle, comme Dieu l'avait ordonné à Noé. Sept jours après, les eaux du déluge furent sur la terre. L'an six cent de la vie de Noé, le second mois, le dix-septième jour du mois, en ce jour-là toutes les sources du grand abîme jaillirent, et les écluses des cieux s'ouvrirent. La pluie tomba sur la terre quarante jours et quarante nuits. Ce même jour entrèrent dans l'arche Noé, Sem, Cham et Japhet, fils de Noé, la femme de Noé et les trois femmes de ses fils avec eux: eux, et tous les animaux selon leur espèce, tout le bétail selon son espèce, tous les reptiles qui rampent sur la terre selon leur espèce, tous les oiseaux selon leur espèce, tous les petits oiseaux, tout ce qui a des ailes. Ils entrèrent dans l'arche auprès de Noé, deux à deux, de toute chair ayant souffle de vie. Il en entra, mâle et femelle, de toute chair, comme Dieu l'avait ordonné à Noé. Puis l'Éternel ferma la porte sur lui. Le déluge fut quarante jours sur la terre. Les eaux crûrent et soulevèrent l'arche, et elle s'éleva au-dessus de la terre. Les eaux grossirent et s'accrurent beaucoup sur la terre, et l'arche flotta sur la surface des eaux. Les eaux grossirent de plus en plus, et toutes les hautes montagnes qui sont sous le ciel entier furent couvertes. Les eaux s'élevèrent de quinze coudées au-dessus des montagnes, qui furent couvertes. Tout ce qui se mouvait sur la terre périt, tant les oiseaux que le bétail et les animaux, tout ce qui rampait sur la terre, et tous les hommes. Tout ce qui avait respiration, souffle de vie dans ses narines, et qui était sur la terre sèche, mourut. Tous les êtres qui étaient sur la face de la terre furent exterminés, depuis l'homme jusqu'au bétail, aux reptiles et aux oiseaux du ciel : ils furent exterminés de la terre. Il ne resta que Noé, et ce qui était avec lui dans l'arche. Les eaux furent grosses sur la terre pendant cent cinquante jours.

Dieu se souvint de Noé, de tous les animaux et de tout le bétail qui étaient avec lui dans l'arche ; et Dieu fit passer un vent sur la terre, et les eaux s'apaisèrent. Les sources de l'abîme et les écluses des cieux furent fermées, et la pluie ne tomba plus du ciel. Les eaux se retirèrent de dessus la terre, s'en allant et s'éloignant, et les eaux diminuèrent au bout de cent cinquante jours. Le septième mois, le dix-septième jour du mois, l'arche s'arrêta sur les montagnes d'Ararat. Les eaux allèrent en diminuant jusqu'au dixième mois. Le dixième mois, le premier jour du mois, apparurent les sommets des montagnes. Au bout de quarante jours, Noé ouvrit la fenêtre qu'il avait faite à l'arche. Il lâcha le corbeau, qui sortit, partant et revenant, jusqu'à ce que les eaux eussent séché sur la terre. Il lâcha aussi la colombe, pour voir si les eaux avaient diminué à la surface de la terre. Mais la colombe ne trouva aucun lieu pour poser la plante de son pied, et elle revint à lui dans l'arche, car il y avait des eaux à la surface de toute la terre. Il avança la main, la prit, et la fit rentrer auprès de lui dans l'arche. Il attendit encore sept autres jours, et il lâcha de nouveau la colombe hors de l'arche. La colombe revint à lui sur le soir ; et voici, une feuille d'olivier arrachée était dans son bec. Noé connut ainsi que les eaux avaient diminué sur la terre. Il attendit encore sept autres jours ; et il lâcha la colombe. Mais elle ne revint plus à lui. L'an six cent un, le premier mois, le premier jour du mois, les eaux avaient séché sur la terre. Noé ôta la couverture de l'arche : il regarda, et voici, la surface de la terre avait séché. Le second mois, le vingt-septième jour du mois, la terre fut sèche. Alors Dieu parla à Noé, en disant : Sors de l'arche, toi et ta femme, tes fils et les femmes de tes fils avec toi. Fais sortir avec toi tous les animaux de toute chair qui sont avec toi, tant les oiseaux que le bétail et tous les reptiles qui rampent sur la terre : qu'ils se répandent sur la terre, qu'ils soient féconds et multiplient sur la terre. Et Noé sortit, avec ses fils, sa femme, et les femmes de ses fils. Tous les animaux, tous les reptiles, tous les oiseaux, tout ce qui se meut sur la terre, selon leurs espèces, sortirent de l'arche. Noé bâtit un autel à l'Éternel; il prit de toutes les bêtes pures et de tous les oiseaux purs, et il offrit des holocaustes sur l'autel. L'Éternel sentit une odeur agréable, et l'Éternel dit en son cœur : Je ne maudirai plus la terre, à cause de l'homme, parce que les pensées du cœur de l'homme sont mauvaises dès sa jeunesse ; et je ne frapperai plus tout ce qui est vivant, comme je l'ai fait. Tant que la terre subsistera, les semailles et la moisson, le froid et la chaleur, l'été et l'hiver, le jour et la nuit ne cesseront point. »

Je vous invite maintenant à lire un extrait du *Mythe d'Atrahasîs*, écrit au XIIe siècle avant notre ère, puisqu'il s'agit là du plus ancien récit du Déluge :

« Le dieu Enlil[9], voulant détruire définitivement une humanité devenue trop bruyante et pléthorique, imagine ce fléau pour l'exterminer. Mais Ea, créateur des hommes, refuse de les laisser disparaître ; il avertit en secret un homme pieux, Atra-hasîs, de construire un bateau pour sauver sa famille, les animaux et les biens qu'il pourra emporter. Les passagers du bateau échappent aussi au fléau. Une fois celui-ci terminé, Atra-hasîs offre un sacrifice aux dieux, dont la colère se calme. »[10]

La version akkadienne du récit, nommée *L'Épopée de Gilgamesh*, reprend les éléments du *Mythe d'Atra-hasîs* :

« Ainsi, lorsque les pluies cessent, le bateau s'échoue sur une haute Montagne, le mont Nisir ; Utanapišim [nom qui signifie « Vie de jours lointains »] mesure alors la décrue des eaux en lâchant successivement trois oiseaux : les deux premiers reviennent, mais le troisième, ayant trouvé où se poser, ne reparaît pas. »

Le récit nous donne également une version plus complète du Déluge, expliquée à Gilgamesh par Utanapišim, qui a « découvert le secret de cette vie éternelle, qui [le] rend l'égal des dieux ». La voici :

« Il lui conta l'histoire du terrible déluge que les dieux avaient autrefois envoyé sur la terre, et comment Ea, le dieu de la miséricorde et de la sagesse, l'en avait averti par le sifflement du vent qui passa à travers les bambous de sa cabane. Sur l'ordre d'Ea, il avait construit une arche,

---

[9] Enlil, dans le panthéon suméro-akkadien, prend le nom d'El dans la cité d'Ougarit. Nous y reviendrons.

[10] *Dictionnaire de la Civilisation Mésopotamienne*, sous la direction de Francis Joannès, éditions Robert Laffont, collection Bouquins, 2001. Thème « Déluge ».

l'avait calfatée avec de la poix et de l'asphalte, avait fait monter dedans sa famille et son bétail, et avait vogué pendant sept jours et sept nuits, pendant que les eaux montaient, que la tempête faisait rage et que les éclairs étincelaient. Le septième jour, l'arche s'était échouée sur une montagne au bout du monde, et il avait ouvert une des fenêtres et lâché une colombe pour voir si les eaux avaient baissé. Mais la colombe était revenue, ne trouvant aucun endroit pour se poser. Alors il avait lâché une hirondelle, et elle aussi était retournée à l'arche. Enfin, il avait envoyé un corbeau, et le corbeau n'est pas revenu. Puis il avait fait descendre sa famille et ses bêtes et avait rendu grâces aux dieux. »[11]

Dans la littérature sumérienne, au moins trois évocations du Déluge sont à relever. La plus ancienne figure dans le récit de *Gilgamesh et la mort*, datant de la fin du IIIe millénaire ; elle mentionne la rencontre de Gilgamesh avec Ziusudra, le survivant du Déluge, dont le nom, « vie de longs jours », est l'équivalent sumérien d'Utanapišim. »[12]

Gilgamesh est « un souverain héroïsé du XXVIIe siècle avant J.-C., ayant sans doute réellement régné à Uruk, cité majeure du pays de Sumer au sud de l'Irak actuel. Symbole de la suprématie de cette ville et des Sumériens dans la première moitié du IIIe millénaire avant notre ère, il est devenu le sujet de nombreux récits légendaires qui en ont fait le modèle du roi guerre, mais aussi un héros civilisateur et explorateur. Ces récits furent

---

[11] Traduction de Theodore H. Gaster, in *Les plus anciens contes de l'humanité*, Éditions Payot & Rivages, 2001.

[12] *Dictionnaire de la Civilisation Mésopotamienne*, précédemment cité.

compilés au IIe millénaire pour donner naissance à *L'Épopée de Gilgamesh*, l'œuvre littéraire la plus importante de la civilisation mésopotamienne. »[13]

Beaucoup plus tard, les Hébreux reprennent le récit pour raconter eux aussi le Déluge, mais en lui donnant un aspect plus récent pour ce peuple. La chronologie au sein de la Torah permet en effet de définir l'époque où il aurait eu lieu : vers 2348 avant notre ère. Notons qu'historiquement, cette date n'est pas plausible. En effet, selon le récit biblique, seule une famille aurait survécu à l'extermination totale de l'humanité. Pourtant, quelques années seulement après cet évènement, il y a sur Terre des millions d'humains vivants. En effet, le roi Sargon Ier règne sur le peuple mésopotamien de 2324 à 2285 avant notre ère et entre en guerre avec des peuples voisins. Par ailleurs, la seule ville d'Ebla, située à moins de soixante kilomètres de l'actuelle Alep, a une population d'environ 20 000 habitants. Comment une famille de huit membres aurait-elle pu avoir fécondé *a minima* des dizaines de milliers d'humains en une vingtaine d'années sur le plateau mésopotamien ? C'est par ailleurs sans compter dans le même temps le développement des grandes civilisations dans les actuels Chine, Égypte, Andes et Mexique (on estime qu'il y a alors entre 80 et 100 millions d'humains répartis sur la planète)…

Après le Déluge, Éa veille à limiter la surpopulation. Pour cela, il procède à la diminution des naissances par la stérilité et il raccourcit la durée de vie des hommes :

---

[13] *La Mésopotamie, De Gilgamesh à Artaban*, sous la direction de Joël Cornette, éditions Belin, 2017.

dorénavant, elle ne sera pas de plus d'une centaine d'années.

De même, alors que Dieu commande d'être fécond au début du récit biblique, la stérilité apparaît après le récit du Déluge. Genèse 5 nous donne ainsi toute la filiation jusqu'à Noé, indiquant que tous enfantent des fils et des filles. Ensuite, le Déluge vient et la première mention de stérilité est celle de Saraï, femme d'Abram (Genèse 16 ; ils deviennent par la suite Sara et Abraham). Notons qu'alors, selon la Torah, les humains vivaient jusqu'à présent plusieurs centaines d'années (950 ans pour Noé[14]), leur durée de vie se fait rapidement plus faible. Ainsi, Sara meurt à 127 ans et Abraham à 175 ans.

---

[14] Genèse 9 : 28.

La Tour de Babel

Genèse 11 : 1 à 9 nous dit :

« Toute la terre avait une seule langue et les mêmes mots. Comme ils étaient partis de l'orient, ils trouvèrent une plaine au pays de Schinear, et ils y habitèrent. Ils se dirent l'un à l'autre : Allons ! faisons des briques, et cuisons-les au feu. Et la brique leur servit de pierre, et le bitume leur servit de ciment. Ils dirent encore : Allons ! bâtissons-nous une ville et une tour dont le sommet touche au ciel, et faisons-nous un nom, afin que nous ne soyons pas dispersés sur la face de toute la terre. L'Éternel descendit pour voir la ville et la tour que bâtissaient les fils des hommes. Et l'Éternel dit : Voici, ils forment un seul peuple et ont tous une même langue, et c'est là ce qu'ils ont entrepris ; maintenant rien ne les empêcherait de faire tout ce qu'ils auraient projeté. Allons ! descendons, et là confondons leur langage, afin qu'ils n'entendent plus la langue, les uns des autres. Et l'Éternel les dispersa loin de là sur la face de toute la terre ; et ils cessèrent de bâtir la ville. C'est pourquoi on l'appela du nom de Babel, car c'est là que l'Éternel confondit le langage de toute la terre, et c'est de là que l'Eternel les dispersa sur la face de toute la terre. »

Nous passerons outre le fait que, selon ce récit, il n'y avait alors sur Terre qu'une seule langue. Toute l'histoire de l'Antiquité nous démontre que cette affirmation est fausse.

Le récit est une évocation de l'Etemenanki (du sumérien É.TEMEN.AN.KI, « la maison-fondement du ciel et de la terre »), une ziggourat qui a marqué l'histoire de la Babylonie entre le début du VIe et le début du Ve siècle avant notre ère. C'est-à-dire au moment où le texte biblique est rédigé. Quant à l'évocation d'une ziggourat allant jusqu'au ciel, nous savons aujourd'hui que celles-ci, constituées de briques, mélange d'argile et de roseaux, ne peuvent atteindre plus de 90 mètres de haut. L'Etemenanki fait d'ailleurs seulement 60 mètres de haut. L'on est très loin d'atteindre le moindre cumulus, ce que l'on pourrait considérer comme le début du « ciel », qui se trouve à environ 200 mètres d'altitude. A contrario, la pyramide de Khéops, que la Bible n'évoque pas, mais qui a été construite vers 2560 avant notre ère, soit bien avant la ziggourat, dépassait alors les 240 mètres !

Cette information permet d'ailleurs de voir le prisme réel des auteurs du texte de la Torah, au moment de l'écriture du récit : on y trouve un monde axé sur la Mésopotamie, loin des considérations historiques de l'ensemble du monde dans lequel ils vivent.

Le récit de la Tour de Babel est la reprise d'une notion également mésopotamienne : nul ne peut envisager être à la même hauteur que les dieux. Les cieux appartiennent uniquement à Dieu chez les Hébreux puis chez les Juifs, ainsi que nous le rappelle le Psaume 115 : 16 : « Les cieux sont les cieux de l'Éternel, Mais il a donné la terre aux fils de l'homme. »

Nul humain ne peut envisager y pénétrer, que ce soit par la création d'une ziggurat, comme le veut le récit de la Tour de Babel, ou en volant. Ainsi, dans le *Mythe du Roi Etana*, « lorsque celui-ci, chevauchant un aigle, s'élève vers le ciel pour s'aventurer dans le domaine des dieux, il retombe rapidement et brutalement sur le sol. »[15]

Dans le même chapitre que le récit de la Tour de Babel, l'on retrouve dans la Torah la naissance d'Abram : « Térach, âgé de soixante-dix ans, engendra Abram, Nachor et Haran. »[16]

Le nom du premier patriarche de la Torah, Abram, est d'origine mésopotamienne et signifie « Père élevé ».[17]

La notion de « père élevé » se retrouve en Genèse 11 : 1-3 : « L'Éternel dit à Abram: Va-t'en de ton pays, de ta patrie, et de la maison de ton père, dans le pays que je te montrerai. Je ferai de toi une grande nation, et je te bénirai ; je rendrai ton nom grand, et tu seras une source de bénédiction. Je bénirai ceux qui te béniront, et je maudirai ceux qui te maudiront ; et toutes les familles de la terre seront bénies en toi. » Il devient en effet le père d'une nation qui prospèrera à tout jamais.

---

[15] *Histoire de la Mésopotamie*, de Véronique Grandpierre, Éditions Gallimard, 2010.

[16] Genèse 11 : 26.

[17] Voir *Il était une fois le Judaïsme*, Armand Abécassis, éditions Plon, 2021.

Moïse

Au XXIVe siècle avant notre ère, Sargon d'Akkad, dit Sargon Ier, règne sur la civilisation babylonienne. De fait, et comme il est coutumier de le faire dans l'Antiquité, on lui attribue une existence peu commune, dès sa naissance.

Fils d'une prêtresse, il est mis au monde dans le secret, puis abandonné par sa mère dans un panier de jonc sur l'Euphrate.

Mettons en parallèle la naissance de Moïse, que l'on retrouve en Exode, 2 : 1 à 10 :

« Un homme de la maison de Lévi avait pris pour femme une fille de Lévi. Cette femme devint enceinte et enfanta un fils. Elle vit qu'il était beau, et elle le cacha pendant trois mois. Ne pouvant plus le cacher, elle prit une caisse de jonc, qu'elle enduisit de bitume et de poix ; elle y mit l'enfant, et le déposa parmi les roseaux, sur le bord du fleuve. La sœur de l'enfant se tint à quelque distance, pour savoir ce qui lui arriverait. La fille de Pharaon descendit au fleuve pour se baigner, et ses compagnes se promenèrent le long du fleuve. Elle aperçut la caisse au milieu des roseaux, et elle envoya sa servante pour la prendre. Elle l'ouvrit, et vit l'enfant : c'était un petit garçon qui pleurait. Elle en eut pitié, et elle dit : C'est un enfant des Hébreux ! Alors la sœur de l'enfant dit à la fille de Pharaon : Veux-tu que j'aille te chercher une nourrice parmi les femmes des Hébreux, pour allaiter cet enfant ? Va, lui répondit la fille de Pharaon. Et la jeune fille alla chercher la mère de l'enfant. La fille de Pharaon lui dit : Emporte cet enfant, et allaite-le-moi ; je te donnerai ton salaire. La femme prit l'enfant, et l'allaita. Quand il eut grandi, elle l'amena à la fille de Pharaon, et il fut pour elle comme un fils. Elle lui donna le nom de Moïse, car, dit-elle, je l'ai retiré des eaux. »

Il faut noter là l'origine du nom Moïse. Car si le récit est une réécriture du mythe de la naissance de Sargon d'Akkad, le peuple hébreu vit alors en Égypte. Moïse est « la transcription hébraïque du lexème égyptien *msj* (« engendrer, enfanter »), qu'on trouve, par exemple, dans le nom de Ramsès (« Ré l'a engendré » ou « enfant de Ré »). »[18] On retrouve de même ce lexème dans les noms de Thoutmôsis, « né de Thot » et de Ramosé, « fils de Râ ». Ce dernier est d'ailleurs le vizir d'Akhenaton au moment où ce Roi part fonder sa propre ville dédiée au Dieu unique.

Quant à Aaron, le frère de Moïse, il « porte également un nom égyptien, signifiant « le Nom [du dieu] est grand ». »[19] Par ailleurs, Aaron est représenté tenant un bâton, symbole du pouvoir divin. Le bâton est l'archétype du sceptre, qui représente la royauté chez les Mésopotamiens. Le Code d'Hammurabi, au XVIIIe Siècle avant notre ère, évoque une corde et un bâton

---

[18] *L'invention de Dieu*, Thomas Römer, Éditions du Seuil, collection Points, 2017.

[19] *Les 100 mots de la Bible*, Thomas Römer, PUF, 2023.

offerts à Hammurabi par le Dieu Šamaš. Ces symboles le désignent comme le Roi établi par autorité divine. [20]

La rencontre de Moïse avec Dieu se fait, selon le récit de la Torah, sur sa montagne : « Moïse faisait paître le troupeau de Jéthro, son beau-père, sacrificateur de Madian ; et il mena le troupeau derrière le désert, et vint à la montagne de Dieu, à Horeb. »[21]

Pour discuter avec lui, le premier prophète du judaïsme reçoit l'invitation de Dieu suivante : « Monte vers moi, sur la montagne. »[22] Alors, il gravit l'Horeb (ou mont Sinaï) pour rencontrer Dieu.

Il faut mettre en parallèle avec la Torah la conception sumérienne de la résidence divine. Les Sumériens parlent en effet de *Ekur*, (ou *Kur*, *erṣetum* en akkadien), la « maison de montagne », pour désigner la montagne sur laquelle les dieux naissent. Ce terme représente, en de nombreux textes, à la fois le ciel, la Terre et les Enfers. En *Ekur*, les lieux où vit la divinité sont un endroit physique, visible par l'homme.

Dieu reçoit plus tard sur cette résidence divine les Dix Commandements, ou Décalogue, écrits selon le récit de l'Exode de la main du Créateur, « du doigt de Dieu ».

Notons comment est représenté Moïse après cette conversation avec Dieu : « Moïse descendit de la montagne de Sinaï, ayant les deux tables du témoignage dans sa main, en descendant de la montagne ; et il ne

---

[20] Voir *Histoire de la Mésopotamie*, de Véronique Grandpierre, Éditions Gallimard, 2010.

[21] Exode 3 : 1.

[22] Exode 24 : 12.

savait pas que la peau de son visage rayonnait, parce qu'il avait parlé avec l'Éternel. Aaron et tous les enfants d'Israël regardèrent Moïse, et voici la peau de son visage rayonnait ; et ils craignaient de s'approcher de lui. »

Cette notion d'éclat en présence de Dieu se retrouve dans la représentation divine chez les mésopotamiens. « Leur énergie émet un rayonnement : appelée *MELAM* en sumérien, *melammum* en akkadien, une sorte d'aura brillante les entoure imposant à la fois terreur et respect. »[23]

Le prophète Élie rencontre lui aussi le Dieu des Hébreux sur ce mont. C'est donc bel et bien sa demeure. Il vit là, selon le texte biblique.

Notez maintenant sous quel nom Dieu s'est révélé à Abraham, ancêtre de Moïse : *El Shaddai*. L'on traduit aujourd'hui ce nom par « Dieu Tout-Puissant ». Pourtant, chez les Akkadiens, *El Shadû* signifie « El de la montagne ».

Si l'on trouve un dieu habitant sur une montagne, nommé El, les dieux mésopotamiens résident majoritairement dans ce qui est alors nommé une « maison de dieu », à savoir des temples, ou ziggourats, c'est-à-dire des lieux de culte, qui sont également qualifiés de *Ekur*.[24]

Ce concept de « maison de Dieu » se retrouve dans la Torah, sous le nom de *Béthel* :

---

[23] *Histoire de la Mésopotamie*, précédemment cité.
[24] Ou *Hekhal* en Sumérien.

« Il bâtit là un autel, et il appela ce lieu El-Béthel ; car c'est là que Dieu s'était révélé à lui lorsqu'il fuyait son frère. »[25]

Par la suite, c'est le Tabernacle, puis le Temple, qui devient la demeure de Dieu pour les Hébreux ; c'est son *Béthel*, que l'on traduit par « Maison de Dieu ». Le culte sacrificiel y est alors fait, nous dit le texte, en présence de Dieu.

De même, chez les mésopotamiens, l'administration religieuse est composée d'un « personnel religieux placé sous l'autorité du Grand Prêtre [qui] rassemble les officiants du culte seuls autorisés à pénétrer dans l'espace sacré où réside la divinité ».[26] L'on retrouve cette notion avec le Tabernacle chez les Hébreux et, par la suite, avec le Saint (*Hiéron*) et le Saint des Saints (*Naos*) du Temple. L'accès à la présence divine, la *Shekhina*, est réservé exclusivement au Grand-Prêtre.

Le Décalogue donné par Dieu à Moïse sur l'Horeb est également une copie d'un texte plus ancien : le *Code d'Hammurabi*. L'on y retrouve des textes de loi qui évoquent les différentes phases de la vie des humains et la manière de traiter les conflits. Avec, en point d'orgue, la loi du talion, le fameux « œil pour œil ». Le *Code d'Hammurabi* est la mise en place d'une vraie justice, tenant compte de la protection des faibles, permettant l'établissement d'un ordre qui doit structurer la société. Il permet de mettre par écrit ce qui jusqu'à ce jour n'étaient que des règles orales.

---

[25] Genèse 35 : 7.

[26] *Dictionnaire de la Civilisation Mésopotamienne*, précédemment cité.

Ainsi que l'indiquent les historiens, « On a cherché des analogies entre ce recueil et les codes des pays voisins : code mésopotamien de Hammourabi, code hittite, décret égyptien de Horemheb. Il est certain que l'on trouve dans la Loi des influences babyloniennes, surtout le droit coutumier qui régnait dans l'Orient ».[27]

Notons que divers interdits sont institués par la loi chez les Hébreux, dont l'homosexualité. Contrairement à une idée qui prévaut dans l'Ancien Testament, cette pratique est également prohibée chez les médio-assyriens, puisque l'homosexualité masculine est un acte condamné par diverses lois.[28]

---

[27] *Les cahiers de l'histoire*, n°51, « L'histoire des Juifs des origines à la fin du 17ᵉ siècle », novembre 1965.

[28] Voir *Histoire de la Mésopotamie*, précédemment cité.

El, Yaho et Asherah

Notons sous quel nom Dieu se fait connaître à Moïse, lors de leur première rencontre. Avant tout, rappelons que l'homme vit alors dans une tribu madianite. Chez eux, Dieu porte le nom de Yaho[29], ou Yahou. Alors que Dieu s'est fait connaître à Abram sous le nom d'El, il se présente autrement à Moïse, ce que l'on retrouve en Genèse 6 : 3 :

« Je suis apparu à Abraham, à Isaac et à Jacob, comme le Dieu tout-puissant [El Shaddai] ; mais je n'ai pas été connu d'eux sous mon nom, l'Éternel [Yaho]. »

El Shaddai, ou El de la montagne, s'affirme alors pour la première fois sous le nom de Yaho, que l'on retrouve ensuite dans l'ensemble de l'Ancien Testament traduit généralement par Yahweh ou L'Éternel. Moïse fait sienne, alors, la croyance dans le dieu madianite.

---

[29] Pour Thomas Römer, exégète, philologue et bibliste, « la prononciation ancienne du nom du dieu d'Israël était « Yahô », autant dire que le tétragramme était à l'origine un trigramme, ce qui signifie que le *w* dans Yhw n'avait pas valeur de consonne, mais était une mater lectionis indiquant le son « o ». La lettre *h* en finale du tétragramme Yhwh serait alors à comprendre comme servant à l'allongement du *o* précédent. » – *L'invention de Dieu*, Éditions du Seuil, collection Points, 2017.

Des documents égyptiens du XIIIᵉ siècle avant notre ère nous révèlent que le Dieu qui habite l'Horeb se nomme Yaho. C'est en effet, historiquement, le dieu des Madianites. Notons que Yaho est, chez les Mésopotamiens, l'un des fils d'El et de sa parèdre, Asherah. Ainsi qu'il est coutumier en ce temps, El et Yaho deviennent le même Dieu, l'un remplaçant l'autre petit à petit.[30]

Cette tradition se retrouve dans le panthéon mésopotamien, puisque « chacun des grands dieux est pourvu de plusieurs noms (dans l'*Épopée de la Création*, Marduk de Babylone en possède au moins cinquante), qui peuvent être le produit d'assimilations entre des divinités originellement distinctes ou le résultat de formations savantes ».[31]

Deux noms doublement théophores affirment ce changement de nom de Dieu dans la Torah : Joël (Yoël) et Eli (Eliahou). Joël se traduit ainsi par « Yaho est El » et Eli par « El est Yaho ». Mais, toujours par convention, ils sont traduits simplement par « Dieu est Dieu ». Ce qui, on en conviendra, fait perdre tout son sens à ces noms doublement théophores, pourtant essentiels.

---

[30] Entre 1750 et 1200 avant notre ère, Enlil est remplacé par Marduk. Ainsi, on retrouve deux versions du *Poème de la Création*, d'abord avec Enlil, puis plus tard avec Marduk. Le même remplacement est effectué ensuite à Babylone, lorsque Marduk laisse sa place à Nabû. – Voir *Mésopotamie : L'écriture, la raison et les dieux*, de Jean Bottéro, Éditions Gallimard, 1987.

[31] *Dictionnaire de la civilisation mésopotamienne*, précédemment cité. Thème « Panthéon ».

Genèse 14 : 22 affirme le double nom de Dieu, lorsque Abram dit : « J'ai levé ma main vers Yaho, El 'Élyon, l'auteur du ciel et de la terre ».[32]

Intéressons-nous à d'autres noms théophores, que l'on retrouve tout au long de l'Ancien Testament.

On retrouve en effet dans le texte des noms contenant soit El, soit Yaho. On peut ainsi citer Samuel (Chmouel), c'est-à-dire « Son nom est El », Jérémie (Yirmiyahou), qui signifie « Yaho élèvera », ou encore Mattatias (Mattatiyahou), membre de la famille des lévites et dont le nom signifie « Cadeau de Yaho ». Le nom même d'Israël signifie « El le combattant ». [33]

Le choix d'un nom propre a, dans l'Antiquité, une signification bien plus profonde que celle qu'on lui donne aujourd'hui, comme l'explique Pierre Drulang :

« Dans les théories linguistiques modernes, le nom propre est principalement une référence, dénuée de sens. Le nom désigne un individu sans rien dire de lui. À tel point que si l'on veut connaître un peu quelqu'un aujourd'hui, la référence identitaire passe par la connaissance de sa profession. Il n'en est pas de même

---

[32] La majorité des versions de la Bible donnent malheureusement un passage supprimant cette double nomination, comme c'est le cas pour la version Louis Segond, traduisant : « Je lève la main vers l'Éternel, le Dieu Très-Haut, maître du ciel et de la terre ». André Chouraqui explique que « Abram jure au nom d'El 'Élyon, le Créateur, qu'il déclare identique à IHVH [Yaho] ».

[33] *Le Livre des prénoms bibliques et hébraïques*, Marc-Alain Ouaknin et Dory Rotnemer, Albin Michel, collection Espaces libres, 1997.

dans les sociétés anciennes et traditionnelles où le nom est un message et où il a un sens. On communique au-delà de la parole. »[34]

Nous avons préalablement évoqué la maison d'El, *Béthel*, qui est globalement transcrite dans la Bible par « Maison de Dieu ». Ainsi, le nom El revient dans une large partie du texte, transcrit là encore, aujourd'hui, tout simplement, par « Dieu ». Notons que, de la même façon, nous traduisons le mot *'Ilou* en « dieu » chez les akkadiens, tandis qu'il est également le nom d'un des principaux dieux pour ce peuple. On le retrouve également sous les noms d'Enlil en sumérien, ou d'Ellil en Akkad. L'akkadien *Mythe d'Atrahasîs*, ou *Poème du Supersage*, dont nous avons déjà parlé puisqu'il contient le mythe originel du Déluge, évoque ainsi Enlil comme étant le Démiurge.

Nous avons vu par ailleurs que l'arbre de vie, nommé « arbre sacré » par les Mésopotamiens, est associé à la déesse Inanna. Celle-ci se retrouve dans les textes akkadiens, mésopotamiens et assyriens, c'est-à-dire sur une période allant du XIVe siècle à 539 avant notre ère.

Pendant toute cette période, la déesse Inanna, dont le nom signifie « Dame du ciel », porte également d'autres dénominations : Ištar (Ishtar), Astarté et Asherah. Elle est l'une des principales divinités du panthéon sumérien de Nippur. Elle est ainsi la déesse tutélaire des villes d'Uruk, aux côtés d'An, le dieu créateur ; d'Uruk, en tant que l'épouse du dieu Dumuzi ; et d'Akkad.

Elle est la parèdre d'Ilu chez les Akkadiens, d'Elkunirshag chez les Hittites, ou d'El en plusieurs lieux

---

[34] *Les noms divins dans les hauts grades du Rite Écossais Ancien et Accepté*, Pierre Drulang, Ubik Éditions, 2020.

de Mésopotamie. Ce dieu est alors nommé « père de tous les dieux ». [35] C'est, au-delà de ce titre, un dieu de la fécondité et de l'orage.[36]

La hiérogamie a depuis toujours, en effet, fait partie de la croyance religieuse des peuples qui ont existé dans le territoire mésopotamien.

Intéressons-nous maintenant à l'importance de la parèdre de Dieu au sein de la Torah. On la retrouve à une quarantaine de reprises dans l'ensemble de la Bible, remplacée simplement, dans plusieurs passages, par l'expression « poteau sacré », comme si elle n'avait jamais existé. Certains traducteurs de la Bible ont fait de son nom un hapax indéfinissable, et d'autres ont même décidé de totalement le supprimer.

Parmi les passages qui évoquent la parèdre de Dieu, nommée Astarté, notons Jérémie 7 : 18 : « Les enfants ramassent du bois, les pères allument le feu, et les femmes pétrissent la pâte, pour préparer des gâteaux à la reine du ciel ». Ou Jérémie 44 : 18 : « Et depuis que nous avons cessé d'offrir de l'encens à la reine du ciel et de lui faire des libations, nous avons manqué de tout, et nous avons été consumés par l'épée et par la famine ».

---

[35] Voir *Judges and Ruth*, Victor Harold Matthews, Cambridge University Press, 2004.

[36] Notez que chez les Babyloniens, le dieu de l'orage Adad est un dieu guerrier, juché sur un taureau, qui s'avère être également le Démiurge (quoi de plus normal pour le dieu de l'orage ?). Autant d'éléments qui nous rappellent les récits de la Torah. Voir le thème « Adad », in *Dictionnaire de la Civilisation Mésopotamienne*, précédemment cité.

Rappelons que la signification d'Inanna, le nom d'Astarté en sumérien, est « Dame du ciel ». Son nom est en effet dérivé de l'expression NIN.AN.AK, c'est-à-dire littéralement « la maîtresse du ciel ». Et Astarté, nommée dans la Bible, comme on l'a vu, la « reine du ciel », a une véritable importance chez les Hébreux. D'ailleurs, le nom d'Esther (qui signifie « étoile »), que l'on célèbre lors de la fête de Purim, est un nom qui « se réfère à Astarté » [37], la déesse étant l'étoile du matin, Vénus.

C'est uniquement lors de la réforme de Josias, le roi de Juda, qu'Astarté se retrouve rejetée définitivement du culte.[38] L'unicité de Dieu n'apparaît véritablement dans l'histoire du peuple juif qu'à compter de cette réforme, dite deutéronomique.

Chez les Akkadiens et les Mésopotamiens, le couple de divinités El et Astarté donne naissance, selon plusieurs textes, à un grand nombre d'enfants, eux-mêmes divinités : entre 70 et 88. Cela va strictement dans le sens des croyances populaires de l'époque. On a par exemple retrouvé à Sumer des tablettes datant de 2600 avant notre ère, où se trouvent citées 560 divinités avec leur lien de filiation.

En tant que roi des dieux à Ougarit, El est un temps omniprésent sur le site, avant d'être remplacé comme

---

[37] *Le Livre des prénoms bibliques et hébraïques*, Marc-Alain Ouaknin et Dory Rotnemer, Albin Michel, collection Espaces libres, 1997.

[38] 2 Rois 23 : 7.

divinité tutélaire par l'un de ses fils, Baal, également dieu de l'orage.[39]

Les adorateurs Mésopotamiens d'El ne consomment alors pas de porc. Les Hébreux, par la suite également attachés à El, ont adopté cette contrainte alimentaire.

Chez les mésopotamiens, El est, comme il se doit alors, très similaire à l'homme. Il est en effet anthropomorphe. Ainsi, « selon les textes religieux d'Ugarit, le Dieu El, dans [des] circonstances festives, boit du vin, avec [des] effets aphrodisiaques. »[40] En Mésopotamie en effet, les dieux « avaient des enfants, comme nous, et ces enfants étaient également des dieux : ils composaient à eux tous des familles. Et tous se conduisaient comme nous : mangeant, buvant, parfois même un peu trop, jouant entre eux, et se disputant quelquefois ; ils se lavaient, se paraient et se pouponnaient ; ils se promenaient, à char ou en bateau, ou bien se tenaient cois dans leurs 'maisons'. »[41]

Très naturellement, la Bible hébraïque présente El comme un Dieu qui a strictement les mêmes

---

[39] Le récit ougaritique *Histoire de Baal* présente Baal qui parle avec sa sœur Anat, lui conseillant d'aller voir sa mère Asherah plutôt que son père El.

[40] *Dictionnaire de la Civilisation Mésopotamienne*, sous la direction de Francis Joannès, Robert Laffont, collection Bouquins, 2001. Cf. voir le thème « Boissons alcoolisées ».

[41] *Mésopotamie : L'écriture, la raison et les dieux*, de Jean Bottéro, Éditions Gallimard, 1987.

caractéristiques que les humains : il vieillit[42,43], est créatif, ayant le besoin de se reposer, de manger, qui marche[44] et se promène, se révèle souvent guerrier, peut à l'envi changer d'avis, se pose des questions[45] découvre des choses[46] et a des enfants[47]... Il possède par ailleurs nos

---

[42] La Torah évoque l'« Ancien des jours » et le « Vieillard ».

[43] Il semble que le principe d'éternité n'existait pas à l'époque où le texte fut rédigé. Dans son *Dictionnaire d'hébreu et d'araméen biblique*, Philippe Reymond affirme qu'il ne faut « pas traduire par « éternité », il s'agit plutôt d'un temps très long. » Le Psaume 82 : 7 évoque d'ailleurs le fait que les esprits « meurent comme des hommes ». Toutefois, je crois bon de signaler ce que la version ancienne de l'*Épopée de Gilgamesh* (vers 1700 avant notre ère) dit : « Quand les dieux ont créé les hommes, Ils leur ont assigné la mort, Mais la vie (sans limites), ils l'ont gardé pour eux ! ».

[44] Juges 6 verset 21 nous rapporte que Dieu s'éloigna en marchant (le rédacteur utilise le verbe hébreu *halach*, soit marcher).

[45] « Est-ce que je vais cacher mes projets à Abraham ? », se demande-t-il en Genèse 17 : 17.

[46] Citons par exemple Genèse 18, où Dieu descend sur terre pour « découvrir » si les peuples de Sodome et Gomorrhe agissent bien selon les rumeurs qui sont venues jusqu'à lui. Après quoi il « est parti après avoir fini de parler avec Abraham ».

[47] Genèse 6, par exemple, évoque « les fils de Dieu ». Cette notion revient régulièrement, comme en Deutéronome 32 : 43, où les fils de Dieu doivent se courber devant lui. La LXX traduit le texte par « tous les fils de Dieu », les manuscrits de Qûmran « tous les dieux »... et les versions actuelles ont tout simplement supprimé la phrase !

qualités et défauts, comme la jalousie, la colère, l'amour ou la miséricorde.

La phrase biblique « Il fit l'homme à son image » n'est de fait pas anodine ; elle dénote une représentation de la divinité très éloignée de celle que l'on s'en fait aujourd'hui, mais fidèle aux croyances de l'époque où les textes ont été rédigés.

C'est également un Dieu avec lequel on peut négocier[48], faire du troc, ou signer un marché (fais-moi gagner cette guerre et je t'offre ma fille[49]) et qui s'avère misogyne (la femme ne peut avoir de responsabilité politique ou religieuse, elle est impure pendant ses règles...).

Si l'on observe en détail le récit d'Adam et Ève, on trouve encore Dieu en train de chercher le premier homme ; il va même jusqu'à l'appeler, car il ne le trouve pas. Le texte est particulièrement révélateur :

« Alors ils entendirent la voix de l'Éternel Dieu, qui parcourait le jardin vers le soir, et l'homme et sa femme se cachèrent loin de la face de l'Éternel Dieu, au milieu des arbres du jardin. Mais l'Éternel Dieu appela l'homme, et lui dit : Où es-tu ? Il répondit : J'ai entendu ta voix dans le jardin, et j'ai eu peur, parce que je suis nu, et je me suis caché. Et l'Éternel Dieu dit : Qui t'a appris que tu es nu ? Est-ce que tu as mangé de l'arbre dont je t'avais défendu de manger ? L'homme répondit : La femme que tu as mise auprès de moi m'a donné de l'arbre, et j'en ai mangé. Et l'Éternel Dieu dit à la femme : Pourquoi as-tu fait

---

[48] Comme lorsque Abraham négocie avec El pour éviter la destruction de Sodome et Gomorrhe.

[49] Histoire biblique de Jephté, issue du livre des Juges.

cela ? La femme répondit : Le serpent m'a séduite, et j'en ai mangé. L'Éternel Dieu dit au serpent : Puisque tu as fait cela, tu seras maudit entre tout le bétail et entre tous les animaux des champs, tu marcheras sur ton ventre, et tu mangeras de la poussière tous les jours de ta vie. Je mettrai inimitié entre toi et la femme, entre ta postérité et sa postérité : celle-ci t'écrasera la tête, et tu lui blesseras le talon. Il dit à la femme : J'augmenterai la souffrance de tes grossesses, tu enfanteras avec douleur, et tes désirs se porteront vers ton mari, mais il dominera sur toi. Il dit à l'homme : Puisque tu as écouté la voix de ta femme, et que tu as mangé de l'arbre au sujet duquel je t'avais donné cet ordre : Tu n'en mangeras point ! le sol sera maudit à cause de toi. C'est à force de peine que tu en tireras ta nourriture tous les jours de ta vie, il te produira des épines et des ronces, et tu mangeras de l'herbe des champs. C'est à la sueur de ton visage que tu mangeras du pain, jusqu'à ce que tu retournes dans la terre, d'où tu as été pris ; car tu es poussière, et tu retourneras dans la poussière. »[50]

Ce que nous révèle le texte est assez révélateur, et conforme à la pensée de l'époque à laquelle le texte se réfère : El se promène, cherche le premier couple humain, les appelle puisqu'ils se sont cachés et qu'il ne les trouve pas, les questionne pour comprendre ce qui s'est passé... puis il punit tout le monde, sur la base de ce qui lui est rapporté.

El n'est donc ni omniprésent, ni omniscient. Si le récit de la Création affirme qu'il « se promène » au-dessus de la mer, c'est une manière de démontrer sa supériorité sur l'homme. Ce Dieu se réserve ainsi la faculté de voler

---

[50] Genèse 3 : 8-13.

comme avantage sur la créature humaine. Car, rappelons-le, les cieux lui appartiennent.

Pour aller plus loin : *L'Arc céleste*

Il est un récit en particulier qui mérite véritablement d'être lu pour comprendre qui est El chez les Cananéens. C'est le récit de *L'Arc céleste*, écrit entre 2000 et 1200 avant notre ère.

On y trouve un roi, Daniel, qui fait des prières, car il ne peut avoir d'enfant. Le récit nous dit que « Le puissant Baal l'entendit soupirer et sangloter dans l'ombre, et porta sa prière à El, le père à barbe grise de toute la céleste famille. »

Baal s'adresse à El en ces mots : « Ô Père de tout le genre humain ». Et « El, qui est toujours bon et miséricordieux, descendit du ciel, prit son serviteur par la main et lui enjoignit de rentrer dans sa demeure et de goûter avec son épouse les plaisirs de l'amour. « Bientôt, ajouta-t-il, tu auras un fils. » »

El, « le père des dieux », « vieux, faible et las », est également présenté comme étant « plein de douceur et de mansuétude » envers les humains.

On y retrouve l'idée que « les dieux […] avaient jadis décrété que là où serait versé un sang innocent, rien ne pousserait plus », ce que l'on retrouve dans le récit biblique (Genèse 4 : 11, 12).

L'Arc céleste évoque de nombreux autres éléments bien connus du lecteur aguerri du texte biblique hébraïque, comme l'omniprésence de la symbolique du chiffre 7.

Un autre récit essentiel est *Le roi qui oublia*, où se retrouvent tout à la fois la symbolique des chiffres et 7, les dieux El (le père des dieux), Baal (le Seigneur) et Asherah (la mère des dieux), ainsi que l'oniromancie. On y retrouve par ailleurs le roi qui crée un serpent avec de la glaise pour supprimer la maladie, à l'image du serpent d'airain de Moïse.

Le pluriel de supériorité

L'on retient que le mot Elohim, lorsqu'il se réfère au Dieu d'Israël, est grammaticalement singulier, le verbe qui le suit l'étant aussi. Elohim est ainsi le pluriel du mot Dieu, pas un pluriel qui définit plusieurs dieux, mais un pluriel de supériorité.

On parle également de « pluriel de majesté » ou « pluriel d'excellence ».

Il n'y a dans le texte, et cela n'est nullement discutable, qu'un seul Dieu dans le texte, puisque c'est dans l'air du temps et que tous les spécialistes religieux n'ont de cesse de le démontrer. Ce n'est pourtant pas un axiome originel, puisque tout démontre que le monothéisme ne s'est imposé que graduellement.

Notons que plusieurs verbes sont, dans le texte original, au pluriel, lorsqu'ils suivent le mot Elohim. C'est le cas par exemple en Genèse 1 verset 26, que l'on pourrait traduire, de ce fait, ainsi :

« Les Dieux disent : 'Nous ferons le glébeux [l'adam, l'homme] selon notre ressemblance' ». La pluralité des dieux est toutefois totalement mise en question par les traducteurs.

Nombre d'auteurs et traducteurs Juifs expliquent ce texte autrement, à l'instar d'André Chouraqui :

« L'exégèse hébraïque, pour échapper au risque d'une lecture polythéiste de la Bible, déclare qu'avant de donner à la création son chef, l'homme, Elohîms voulut consulter tous ceux qu'il avait déjà créés, y compris les anges. D'où l'emploi du pluriel ».[51]

D'un autre côté, au second chapitre de la Genèse, lorsque le serpent dit à Ève : « Vous serez comme Elohim », la Vulgate traduit, non comme Dieu, mais comme des dieux, « sicut dii », rappelle le Chanoine Al. Motais.[52]

La notion de pluriel de supériorité applicable uniquement au Dieu unique est ainsi bien difficile à justifier en de multiples endroits, comme lorsque les Hébreux demandent la création d'une image divine, à savoir le veau d'or. Ils disent en effet ce qui est traduit aujourd'hui par « Fais pour nous un dieu... ».[53] Pourtant, le texte comporte dans le cas présent le mot Elohim, c'est-à-dire ce fameux pluriel de supériorité. Si donc les versions modernes de la Bible mentionnent un « dieu » quelconque, il s'agit cependant bel et bien du mot Elohim, soit Dieu, avec la majuscule qui sied au pluriel de supériorité.

Il faut également souligner le passage de Genèse 31 : 53, où un défi est lancé entre différents dieux. Dans le

---

[51] *La Bible traduite et commentée par André Chouraqui*, volume Entête (La Genèse) J.C. Lattès, collection Le Livre du Mois, 1992.

[52] *Origine du monde d'après la tradition*, Édition de Berche et Tralin, 1888.

[53] Exode 32 : 1.

texte original, le pluriel de Dieu, Elohim, désigne alors tout à la fois le Dieu d'Abraham et le Dieu de Nachor.

Mais alors, pourquoi croit-on aujourd'hui que le Dieu des Hébreux mérite seul ce qu'on nomme le pluriel de supériorité et donc une majuscule au titre de Dieu ? Pourquoi toutes les versions de la Bible font-elles une distinction entre les dieux, mettant l'un au pluriel et les autres au singulier ?

L'étude de l'hébreu donne une clé pour la compréhension de ce pluriel lorsqu'un dieu est cité, qu'il s'agisse d'El, de Yaho, d'Asherah, de Baal ou de tout autre.

Dans la grammaire hébraïque, le pluriel peut en effet servir à évoquer l'abstrait. Cette subtilité se retrouve à plusieurs endroits dans le texte biblique (comme en Genèse 43 : 14, où la matrice de la femme est exprimée au pluriel, ou comme en Genèse 6, Nombres 13 et Deutéronome 3, où l'enfant d'un ange est un Nephilîms, de la racine *nphl*, « tomber », au pluriel, pour lequel le singulier n'existe pas). Les hébraïsants notent ce *pluralia tantum* dans le « pluriel d'abstraction », pour de multiples noms communs.[54]

Et la divinité, que la Torah interdit de représenter, n'est-elle pas l'abstrait absolu ? Tous les dieux ne sont-ils pas, par définition, abstraits aux yeux des humains ?

La Torah, tout comme les autres livres de la Bible hébraïque, reconnait l'existence de multiples dieux ; elle évoque en effet régulièrement d'autres divinités que

---

[54] Voir *Grammatik der hebräischen Sprache des A.t.*, Heinrich Ewald, 1835, et *Grammaire de l'hébreu biblique*, Paul Joüon, 1923.

l'Unique. Il se trouve même à plusieurs reprises une compétition entre les dieux dans le récit biblique. C'est le cas par exemple entre Baal et le Dieu des Hébreux.

Un exemple frappant de cette compétition entre les dieux se retrouve dans le récit de la libération du peuple Hébreu d'Égypte. Moïse et Aaron se trouvent devant le Pharaon. Afin de démontrer la supériorité de leur Dieu, Aaron jette son bâton, symbole du pouvoir divin, à ses pieds et celui-ci se transforme en serpent. Le Pharaon appelle alors ses propres prêtres, qui réalisent le même prodige. Mais la supériorité du Dieu des Hébreux est démontrée lorsque le serpent de Moïse et Aaron dévore ses congénères.

Peu de temps après, lorsque les Dix Commandements sont donnés à Moïse, il n'est pas question de rejeter l'existence des autres dieux, mais de n'adorer « aucun autre Dieu », faisant de cette divinité exclusive le Dieu des Hébreux.

En fait, les Hébreux ne sont alors absolument pas, comme on aimerait à croire, une religion monothéiste, voire la première d'entre elles, mais bel et bien un simple polythéisme monolâtre, allant au-delà toutefois d'un hénothéisme. Les dieux ne sont pas niés dans leur existence.

« Nous verrons cette monolâtrie ou adoration d'un seul Dieu, se transformer, après l'exode, dans le désert et la révélation du mont-Sinaï, en monothéisme. »[55]

---

[55] *Les cahiers de l'histoire*, n°51, « L'histoire des Juifs des origines à la fin du 17ᵉ siècle » de novembre 1965.

En effet, « à la lecture de la Bible, le monothéisme ne semble pas s'être imposé aux Hébreux de façon immédiate. »[56]

Le second livre des Rois, chapitre 17, indique que des Hébreux vont jusqu'à adorer tout autant El que d'autres divinités :

« Les gens de Babylone firent Succoth Benoth, les gens de Cuth firent Nergal, les gens de Hamath firent Aschima, ceux d'Avva firent Nibchaz et Tharthak ; ceux de Sepharvaïm brûlaient leurs enfants par le feu en l'honneur d'Adrammélec et d'Anammélec, dieux de Sepharvaïm. Ils craignaient aussi l'Éternel, et ils se créèrent des prêtres des hauts lieux pris parmi tout le peuple : ces prêtres offraient pour eux des sacrifices dans les maisons des hauts lieux. Ainsi ils craignaient l'Éternel, et ils servaient en même temps leurs dieux d'après la coutume des nations d'où on les avait transportés. »

Et Exode 18 verset 11 nous confirme que les premiers Hébreux croient en l'existence de plusieurs dieux. Il est en effet indiqué :

« Et maintenant je sais que l'Éternel est plus grand que tous les dieux. »

Dans les faits, la notion de Dieu Unique apparaît pour la toute première fois de l'histoire de l'humanité ailleurs que chez les Hébreux. Ainsi, en Égypte, vers 1530 avant notre ère, le roi Akhenaton bâtit Akhetaton[57], la cité la plus importante où ne pouvait être vénéré qu'un seul

---

[56] *Il était une fois le Judaïsme*, Arnaud Abécassis, éditions Plon, 2021.

[57] Actuelle El Armana.

Dieu, devenu unique, contrairement aux autres cités dédiées au culte d'un dieu, mais où les autres étaient tolérés. Ordinairement, en effet, les rois et les prêtres choisissaient un dieu poliade, c'est-à-dire qu'il devenait le protecteur de la nouvelle ville, et dans une même région l'on trouvait des villes ayant chacune son propre dieu protecteur, avec ses temples ; mais sans exclusivité.[58] Les plus grandes cités vénéraient de fait plusieurs dieux, chacun ayant son temple, ce qui fut proscrit à Akhetaton.

De même, dans le zoroastrisme, mouvement religieux qui est le prolongement du mazdéisme, il y a « Ahura Mazda, le dieu de la lumière, de la création, de la bonté et de la vie, et Ahriman, le dieu des ténèbres, de la destruction, de la corruption et de la mort. »[59]

À titre de comparaison, on pourrait évoquer aujourd'hui les multiples églises catholiques, généralement dédiées à un Saint. Même si toutes ont vocation à adorer Jésus comme Dieu unique, elles portent le nom d'un Saint qui est, lui aussi, vénéré : Marie, Marie-Madeleine, Thomas, Luc, etc. Certains sont des archanges, c'est-à-dire des anges ayant un plus haut rang,

---

[58] Parmi les grands Dieux poliades Mésopotamiens, antérieurs à la période d'écriture du texte biblique, on peut citer Marduk à Babylone, Nabû à Borsippa ou Ninurta à Nippur.

[59] *L'essence des gnostiques*, Bernard Simon, Pocket, 2011. Le zoroastrisme a créé diverses croyances qui ont cours aujourd'hui dans plusieurs grandes religions, dites « du Livre » : l'idée de Ciel et d'Enfer, le jour du jugement à venir, la résurrection et la venue d'un monde parfait géré par une théocratie.

comme Gabriel, Michel ou Raphaël. Ce sont des créatures célestes à qui les fidèles délivrent leurs prières.

Notons que cette notion de hiérarchie des anges, propre à l'angélologie, ne se trouve nullement dans le texte biblique. Seul le livre de Tobie 12 : 15, évoque « sept anges qui se tiennent ou se présentent devant la gloire du Seigneur », alors que les autres n'y ont pas accès. Chose singulière, le livre de Tobie n'est pourtant pas présent dans le canon biblique reconnu par les Chrétiens. Le livre de l'Apocalypse, ainsi que ceux d'Isaïe et d'Ezéchiel, évoquent juste la présence de quatre séraphins autour du trône de Dieu, sans que soit mentionné un rang spécifique à ces créatures célestes. Concernant les séraphins, ils sont évoqués dans la Genèse, interdisant aux humains l'accès au jardin d'Éden, ainsi que dans le livre des Nombres 7 : 89, en 1 Rois 6 : 23 - 28 et en Ezéchiel 10. Là encore, aucune supériorité de ces anges n'apparaît dans le texte.

On doit en fait la croyance dans une hiérarchie des anges à Pseudo-Denys l'Aréopagite, qui s'est fait passer pour un chrétien du Ier siècle. Il a écrit la *Hiérarchie céleste* vers 490. Il s'appuyait alors sur des croyances perses, qui ont posé les bases à la fois de la démonologie et de l'angélologie.

L'angélologie juive est, de même, tardive : « On peut considérer que l'angélologie juive [...] fut un moyen élégant utilisé pour passer du polythéisme au monothéisme en « angélisant » d'anciens dieux païens. Les anges deviennent les messagers de Dieu chez les catholiques, tandis que les gnostiques en font des dieux indépendants. Notons qu'au XVIIe siècle tout le monde croit aux anges. »[60,61]

Le polythéisme monolâtre est donc la base de la religion hébraïque ; quant au monothéisme juif, il n'apparait véritablement qu'entre le VIIe et le Ve siècle avant notre ère.[62] C'est-à-dire au moment où l'humanité vit un tournant dans l'histoire des croyances religieuses, car en Perse, le Dieu unique est déjà une évidence pour une grande partie du peuple. Et en d'autres lieux, comme en Égypte, où vécurent les Hébreux pendant plus de 400 ans selon la Torah[63], le polythéisme monolâtre a été essayé un temps, sous l'impulsion d'Akhenaton.

---

[60] *Le temple symbolique des francs-maçons*, Dominique Jardin, éditions Dervy, 2020.

[61] Si l'angélologie n'existe pas alors, les anges sont bien entendu présents dans la Bible hébraïque, tout comme ils le sont dans les textes mésopotamiens : ce sont des messagers envoyés par un dieu. « Dans certains textes, le mal'ak est imaginé comme un être hybride, intermédiaire entre le monde des dieux et des hommes », souligne Thomas Römer, dans *Les 100 mots de la Bible*, PUF, 2023.

[62] On ne parle pas encore de judaïsme, ce terme n'apparaissant qu'aux alentours de 150 avant notre ère, dans le livre des Maccabées.

[63] Environ 600 ans selon des textes égyptiens.

La divination

L'on retrouve à plusieurs reprises l'oniromancie dans les pratiques des Hébreux. Dieu a en effet l'habitude d'annoncer des évènements importants ou des actions à accomplir dans des rêves.

En Genèse 41, l'on retrouve ainsi Joseph expliquer au Pharaon le songe qu'il a eu dans la nuit. Cette faculté divine lui permet d'obtenir un poste à la droite du roi d'Égypte.

De même, chez les Mésopotamiens, « les divinités s'adressent aux souverains par l'intermédiaire de songes pour leur faire part de leurs souhaits ».[64] C'est ainsi que le Noé babylonien, Atrahasîs, est informé de l'imminence de la catastrophe : « J'ai fait voir à Atrahasîs un songe, et c'est ainsi qu'il a appris le secret des dieux. »[65]

Dans le récit *Le roi qui oublia*, retrouvé à Ougarit et qui date d'environ 1800 avant notre ère, on retrouve l'histoire du roi Keret qui, « Soudain, dans son rêve, […] vit la chambre entière illuminée et auprès de lui se tenait Dieu lui-même, lui, le roi des cieux et le père de l'humanité, le

---

[64] *Histoire de la Mésopotamie*, auparavant citée.

[65] Voir le chapitre « L'oniromancie », dans *Mésopotamie : L'écriture, la raison et les dieux*, de Jean Bottéro, Éditions Gallimard, 1987.

regardant avec une expression de tendresse et d'amour infinis. »[66]

Bien souvent, le souverain contacté ainsi par un dieu passe par un *ša'ilu*, un interrogateur, pour interpréter le rêve. Dans *L'Épopée paléo-babylonienne de Gilgamesh*, c'est sa mère, « qui sait tout » nous dit le texte, qui interprète son rêve.

Les rois mésopotamiens peuvent poser leurs questions directement aux divinités et elles répondent généralement par un système de tirage au sort, à l'instar de l'Urim et du Tummim chez les prêtres hébreux. On retrouve cette information, par exemple, dans le livre de Samuel[67] :

1 Samuel 14 : 41 : « Saül pria le Seigneur : « Dieu d'Israël, pourquoi ne m'as-tu pas donné de réponse aujourd'hui ? Seigneur, réponds-moi par les sorts sacrés : si la faute vient de Jonatan ou de moi-même, réponds par l'Urim ; si la faute vient de l'armée, réponds par le Tummim. » Jonatan et Saül furent désignés et l'armée mise hors de cause. »

1 Samuel 28 : 6 : « Saül consulta l'Éternel ; et l'Éternel ne lui répondit point, ni par des songes, ni par l'Urim, ni par les prophètes. »

De même, les éclipses, une naissance difforme dans les troupeaux, le tonnerre, ont une signification autant pour les Mésopotamiens que pour les Hébreux. Et la

---

[66] *Les plus anciens contes de l'humanité*, Theodore H. Gaster, Éditions Payot & Rivages, 2001.
[67] Traduction de la Bible en français courant.

maladie ou une infirmité sont la preuve de la disgrâce divine.

Si la divination est exercée par les rois, prophètes et prêtres hébreux, elle est à distinguer de la magie ou de la sorcellerie, que la Bible hébraïque interdit. De même, les Mésopotamiens distinguaient « la sorcellerie (l'action sur les forces surnaturelles par le pouvoir de la parole) et l'exorcisme (le recours aux dieux pour protéger ou écarter une menace). »[68]

Pour clore ce thème de la divination, je pense utile d'apporter un élément important relatif aux entremetteurs de certains messages divins : les anges. Il faut savoir qu'en akkadien le mot *kerub*, soit « chérubin » est dérivé de *karibu*, c'est-à-dire les « taureaux ailés »[69]. Ce qui n'est pas sans rappeler les deux chérubins présents sur l'arche d'alliance.

---

[68] *Histoire de la Mésopotamie*, auparavant citée.

[69] *Voir L'Hébreu, trois mille ans d'histoire*, Mireille Hadas-Lebel, Éditions Albin Michel, 2022.

Les sacrifices

Avant tout, il est bon de savoir que « le terme sumérien qui désigne la prière, SISKUR, désigne aussi les offrandes de nourriture et de boisson »[70]. L'on ne se contente généralement pas alors de fermer les yeux en baissant la tête pour s'adresser à la divinité, comme il est de coutume de nos jours, mais on lui offre des mets de choix, soit directement, soit en passant par un prêtre.

Le sacrifice est alors une forme d'échange basique entre les dieux et les humains : plus on leur donne et mieux ils nous protègent. En Mésopotamie, on a retrouvé une tablette datant du IIIe millénaire avant notre ère où sont évoqués les sacrifices réalisés au sein du Temple du dieu Anu. Sont dénombrés alors « dix-huit mille moutons, deux mille cinq cent quatre-vingts agneaux, sept cent vingt bœufs et trois cent vingt veaux. Tout ça pour une ville dont la population ne devait pas excéder quarante mille habitants ! »[71]

Voici ce que l'on peut retenir dans toute la Mésopotamie, dès 3300 avant notre ère, des « offrandes faites aux divinités : on leur réservait le meilleur de la

---

[70] *Dictionnaire de la Civilisation Mésopotamienne*, précédemment cité. Thème « Prêtres, prêtresses ».

[71] *Dieu*, Frédéric Lenoir, éditions Robert Laffont, collection Pocket, 2011.

production, en retour de quoi on espérait bienfaits et faveurs, redistribués pour le bon déroulement du cours de la vie quotidienne. »[72]

El et Asherah assurent de même la protection à leurs adorateurs en échange de sacrifices. Frédéric Lenoir l'explique en ces termes :

« On en vient ensuite en effet à sacrifier aux dieux des êtres humains. Il s'agissait à l'origine de captifs d'autres tribus, puis on en arriva à sacrifier ses propres enfants pour aller toujours plus loin dans la logique du don le plus précieux. Les sacrifices humains étaient assez répandus dans diverses aires géographiques au cours du Ier millénaire avant notre ère et on en retrouve une trace dans la Bible à travers le geste d'Abraham qui a été écrit à cette période. »[73]

Lorsque Abraham reçoit l'ordre de son Dieu d'aller sacrifier son fils unique, on ne trouve en effet chez lui aucun étonnement ; le sacrifié lui-même accède à la demande sans la moindre émotion : « il était dans les mœurs de ce temps qu'un prêtre fasse le sacrifice de son fils pour honorer ses dieux ; il était admis aussi que les fils n'opposaient pas de résistance à ces liturgies, supposées bénéfiques pour le sacrifié autant que pour le sacrificateur. »[74]

Pendant les moments festifs, on offre au Dieu de multiples victuailles, faites de chaires animales. Parmi les fêtes mésopotamiennes, il faut noter « le mois VVI,

---

[72] *La Mésopotamie, De Gilgamesh à Artaban*, précédemment cité.

[73] *Dieu*, précédemment cité.

[74] *Entête (*La Genèse*)*, précédemment cité.

tašrîtu, qui signifie « commencement (de l'année) » [et qui] rappelle la tradition de la nouvelle année à l'équinoxe d'automne, date conservée par les Israélites (Yom kippour). »[75]

Notez que les offrandes faites aux dieux mésopotamiens sont d'origine animale. Il faut s'intéresser là au premier sacrifice dont fait mention la Torah : Caïn et Abel offrent chacun une offrande, Caïn choisissant des végétaux et Abel des animaux. Dieu rejette l'offrande de Caïn, mais accepte volontiers celle d'Abel. Cela est conforme aux offrandes demandées par les dieux aux Mésopotamiens.

La coutume des sacrifices est restée un élément essentiel du culte à travers les peuples de l'Antiquité. Ainsi, « selon les principes du culte romain, les sacrifices aux dieux étaient censés apporter des récompenses. La vénération publique consistait à faire plaisir aux dieux, qui envoyaient en échange pluie, récoltes abondantes, victoires militaires et autres bienfaits publics nécessaires. »[76]

La Bible hébraïque regorge d'exemples de sacrifices réalisés avant et après une bataille, ainsi que de vénérations qui permettaient de manger à satiété. On peut ainsi citer la manne donnée par Dieu à ses fidèles, alors qu'ils traversaient pendant quarante ans le désert.

---

[75] *Dictionnaire de la Civilisation Mésopotamienne*, précédemment cité. Thème « Calendrier ».

[76] *L'essence des gnostiques*, Bernard Simon, Pocket, 2011.

Les origines égyptiennes

Y a-t-il le moindre lien entre les religions égyptienne et hébraïque ? Il y en a en fait une multitude.

Voici quelques-uns des éléments que l'on retrouve dans la Torah :

- les Égyptiens pensaient que la douleur et la maladie étaient l'action d'une divinité hostile ;
- l'infertilité était signe d'une disgrâce divine ;
- les malades et les femmes qui avaient leurs règles devaient être mis à l'écart ;
- les femmes accouchaient accroupies ;
- le lait et le miel avaient une importance prépondérante pour la bonne santé (Israël, la « terre promise » à Moïse, est qualifiée dans l'Ancien Testament de « pays où ruissellent le lait et le miel ») ;
- bien que la monogamie soit la norme, il était possible d'être bigame…

Ajoutons que « Jacob a fait l'objet d'un embaumement (Genèse 50 : 2-4) et a eu soixante-dix jours de funérailles, qui correspondent à la durée du dessèchement du corps dans le natron ».[77]

De plus, la cosmogonie que l'on retrouve dans le livre de la Genèse tire elle-même son origine du mythe de la création d'Héliopolis.

Quant aux principaux objets de culte des Hébreux, tout comme certaines de leurs pratiques religieuses les plus importantes, on les retrouve également dans la culture égyptienne. Même la pratique de la circoncision, présentée dans la Torah comme une alliance entre Dieu et son peuple[78], est en fait égyptienne.

Toutankhamon, bien avant Moïse, a obtenu la promesse d'une terre qui deviendrait la Capitale éternelle du pays, à savoir bien entendu Akhetaton. Il s'y trouvait une chose comparable à l'Arche d'Alliance du peuple à qui un autre Dieu promit Canaan pour Terre Promise ; cet objet est ce que l'on appelle aujourd'hui l'Arche de Toutankhamon. D'autres arches sont attestées dans l'iconographie égyptienne, sous la forme de coffres sacrés.

Dans la chapelle dorée de Toutankhamon, on trouve un vers où Aton, le dieu qu'il vénère comme unique, est présenté comme « Je suis qui je suis ».[79] Rappelons que dans l'épisode du buisson ardent, le Dieu qui habite sur

---

[77] *La Médecine au Temps des Pharaons*, Bruno Halioua, éditions Liana Lévi, 2002.

[78] En hébreu, la circoncision est la *Brit milah* ; *Brit* signifiant « alliance » et *milah* « circoncision ».

[79] Ainsi que dans le *Livre de la vache du Ciel*, trouvé dans le tombeau de Sethy. Voir le travail de traduction de Nadine Guillou, professeur d'égyptologie de Montpellier.

la montagne s'est présenté par la phrase « *Ehyeh Asher Ehyeh* », soit « Je suis qui je suis ».[80]

Le récit de l'Exode nous explique que les Hébreux ont dû marquer avec du sang leurs maisons, pour démontrer leur fidélité à Dieu. Tout comme les Égyptiens de l'époque d'Akhenaton.

On retrouve également le soleil ailé, représentation égyptienne de la divinité du Soleil, sur des sceaux royaux de deux rois de Juda du VIIIᵉ siècle, à savoir Ozias et de Ézéchias.[81]

Pour finir, il faut noter que Toutankhamon fit détruire les images sculptées et les objets de culte des dieux autres que le sien. Tout comme Moïse et ses disciples…

Les multiples similitudes entre Moïse et Akhenaton ont amené plusieurs chercheurs, historiens et archéologues, à dire, soit que Moïse était un disciple d'Akhenaton (thèse soutenue par Sigmund Freud), soit qu'il s'agirait en fait de la même personne, l'une légendaire et l'autre historique. Mais s'il ne s'agit là que de supputation, elles ont un intérêt : elles démontrent que la religion hébraïque suit une continuité logique et historique.[82]

---

[80] Que le lecteur me pardonne la traduction simpliste « Je suis qui je suis » qui, bien que généralement acceptée pour *Ehyeh Asher Ehyeh*, mériterait une analyse plus fine, dont l'emploi du temps en hébreu.

[81] Voir *Biblical Archaeology Review* volume 28, de Juillet 2002, article « Lasting Impressions : New bullae reveal Egyptian-style emblems on Judah's royal seals », de Robert Deutsch.

[82] Voir *Ce que la Bible doit à l'Égypte*, Collectif, Bayard, 2008.

Je pense indispensable de rappeler ce que Jean-François Champollion, père de l'égyptologie et premier à avoir déchiffré les hiéroglyphes, en dit :

« Les tribus échappées par la ruse à l'oppression d'un peuple bien plus avancé qu'elles-mêmes ne purent, en rentrant dans le désert, se dépouiller en même temps des idées d'ordre, des habitudes civiles, ni oublier les pratiques des arts acquises pendant un séjour prolongé sur les rives du Nil, au milieu d'une région agricole. Le chef hébreu, renouvelant la plus ancienne forme du gouvernement égyptien, la théocratie, qui se prêtait d'une manière plus efficace à l'accomplissement de ses vues, quitta la vallée de l'Égypte, non pour ramener les tribus à leur état primitif, à la vie nomade et pastorale de leurs pères, mais avec le dessein formé de les fixer sur un territoire limité, acquis par la conquête, et de les constituer, comme les Égyptiens, en une nation sédentaire établie dans les villes, cultivant le sol et s'adonnant à tous les arts industriels. Moïse appliqua, autant que les circonstances locales devaient le permettre, les institutions civiles des Égyptiens à l'organisation de la société hébraïque ; il proclama des dogmes religieux essentiellement distincts de ceux de l'Égypte ; mais dans les formes extérieures du culte, et surtout dans le matériel des cérémonies, il dut imiter et il imita en effet les pratiques égyptiennes. L'étude des monuments égyptiens, soit antérieurs, soit postérieurs à l'époque de Moïse, donnera donc une intelligence plus complète des textes originaux de la Bible. »[83]

---

[83] *Grammaire égyptienne, ou principes généraux de l'écriture sacrée égyptienne appliquée à la représentation de la langue parlée*, Champollion.

Le Nom de Dieu

Le texte biblique nous révèle que le nom du Dieu qui apparaît à Moïse sur une montagne s'écrit Yhwh. La tradition orale permet alors de prononcer correctement ce nom, mais à l'écrit la langue hébraïque originale ne comporte aucune voyelle. Tant que les fidèles nomment oralement le nom divin, la transmission se fait correctement.

Seulement voilà, dans les faits, la prononciation de Yhwh se perd. Car les Juifs, qui refusent de prononcer ce nom sacré depuis la période achéménide[84], perdent rapidement la prononciation exacte du nom de leur Dieu.

Les Massorètes se basent sur le texte de Lévitique chapitre 24 : 11 et 16 pour interdire la prononciation du nom divin. Ce passage, interdit de « maudire » le Nom divin sous peine de mort. Ils « interprètent ou corrigent les formes du verbe *qâbab* (maudire) en dérivés de la racine *nâqab* (prononcer distinctement) ». Le nom devient secret et il acquiert par sa prononciation une puissance magique.[85]

---

[84] Période qui va de 550 à 330 avant notre ère.

[85] Voir à ce sujet le travail de Guy Rachet, de James Georges Frazer, d'Adolphe Lods ou de Jean Soler.

Notons que cette notion est d'origine mésopotamienne : « Les dieux sont vénérés et craints. Souvent la divinité n'est pas appelée par son nom, car le nom est créateur et octroie un pouvoir à celui qui le prononce sur celui qu'il désigne. On recourt à des titres comme *bêl* qui signifie « seigneur ». »[86] Notons d'ailleurs que Baal est un titre issu de ce mot, avant d'être défini comme le nom d'une divinité. On retrouve ainsi en Mésopotamie de nombreux Baal, qui sont soit le titre de Seigneur associé au nom d'un dignitaire local, soit un dieu tutélaire.

Les Juifs évoquent dans le texte uniquement « Elohim », c'est-à-dire, par convention, tout simplement « Dieu ». À la manière des Musulmans, qui se contentent de nommer leur Dieu *Allah*, à savoir là encore tout simplement « Dieu » en arabe. Car après tout, s'il n'y a pour ces religions qu'un seul vrai Dieu, qu'importe de lui donner un nom. Avant qu'il n'y ait plusieurs hommes sur Terre, le premier d'entre eux était tout simplement « Adam », qui se traduit, tout simplement, par « homme ».[87] Pourquoi donner un nom à un être, s'il est unique ?

Dans le Nouveau Testament, le tétragramme ne figure quant à lui nulle part. Le Nom de Dieu étant considéré comme trop sacré pour être formulé oralement et sa prononciation ayant été définitivement perdue au VIe siècle, soit des centaines d'années avant la naissance de Jésus, lui-même, pourtant considéré par les Chrétiens

---

[86] *Histoire de la Mésopotamie*, Véronique Grandpierre, Éditions Gallimard, 2010.

[87] Comme en Genèse 8 : 21, où Dieu dit après le Déluge : « Non plus jamais je ne maltraiterai la terre à cause de l'adam ».

comme étant le Fils de Dieu, ne nomme jamais Dieu. Le mot « Seigneur » (*Adonaï*) revient ainsi tout au long du Nouveau Testament, dans la très grande majorité des traductions de la Bible, en conformité avec les textes les plus anciens que l'on ait retrouvés.

Des siècles après l'écriture des textes, on commence à spéculer sur la prononciation du nom de Dieu. Des érudits Juifs, les Massorètes, ou « Maîtres de la Tradition », affirment, au Moyen Âge, que les voyelles de Élohim, c'est-à-dire E, O et I, sont à insérer entre les consonnes Y, H, W et H.

Selon cette pensée, le Dieu de la Bible hébraïque devient pour certains Yehowih ou Jehovih, dans sa version occidentalisée[88]. Pour beaucoup d'autres, enfin, majoritaires, il devient Yahweh. Il est important de signaler que la lettre « J » est née au 16e siècle, entre 1558 et 1562. Donc, il est une certitude : jamais le nom divin n'a pu être Jehovih à l'origine.

Le *Codex de Leningrad*, qui est reconnu comme étant la copie massorétique intégrale de la Bible hébraïque la plus ancienne connue à ce jour, et qui date de 1008, propose trois formulations du Nom divin : Yehwah, Yehwih et Yehowah.

Chez les Chrétiens, on fait pendant le Moyen Âge une distinction entre Dieu le Père, incarné en Jésus, et celui que l'on nomme Yahweh, c'est-à-dire le Dieu de l'Ancien Testament, que l'on rejette : « C'est le Dieu de colère qui était le plus marqué par cette histoire ancienne de Dieu

---

[88] Cette écriture ne tient pas compte de la prononciation des lettres en hébreu ; elle est de fait rejetée par l'ensemble des hébraïsants.

que représentait Yahvé alors que, au cours du Moyen Âge, l'image du dieu des chrétiens s'orientait dans deux directions différentes, d'une part le protecteur, celui qu'on appellerait bientôt le Bon Dieu et qui apparaissait aussi dans la sculpture gothique comme un Beau Dieu, alors que le Dieu juif n'avait pas de visage, et d'autre part, comme le Dieu souffrant, le Dieu de la Passion. Et au fur et à mesure que se développait un antijudaïsme qui deviendrait au XIXᵉ siècle l'antisémitisme raciste et politique, le Dieu des juifs était peu à peu refoulé par les chrétiens du Moyen Âge parmi les faux dieux où avait été placé, d'entrée de jeu, le Dieu méconnu des musulmans. » De fait, « le nom de Yahvé n'avait pas été repris par les chrétiens. »[89]

Ainsi, en 1278, le Catholique dominicain catalan Raimond Martin, chargé par le roi Jacques Iᵉʳ d'Aragon d'« expurger les livres des juifs de leurs blasphèmes », fait paraître *Pugio Fidei* (c'est-à-dire *Poignard de la Foi*). L'ouvrage, qui servira pendant le Moyen Âge d'outil pour attaquer la foi des Juifs, et qui se révèle être un texte totalement antijudaïste, voire antisémite[90], propose une nouvelle version du Nom divin, à savoir Iéhovah (traduit par la suite Jéhovah). Notons que dans ses écrits précédents Raimond Martin emploie le nom, tout aussi inventé par lui, Yohoua.

---

[89] *Le Dieu du Moyen Âge*, Jacques Le Goff, Éditions Points, 2023.

[90] En faisant bien entendu abstraction du fait que la notion d'antisémitisme n'est véritablement née qu'au XIXᵉ Siècle. Ce terme pseudo-scientifique ne fait pas allusion à la religion, mais à la « race » Juive. On le doit à un journaliste, Wilhelm Marr, dans un texte publié en 1879.

Le nom Jéhovah, né donc dans un texte antijudaïste, retombe immédiatement dans l'oubli, avant de renaître sous la plume de deux auteurs des XIVᵉ et XVᵉ siècle, dans des livres rédigés également par des catholiques, l'un franciscain et l'autre cartusien, mais dont le travail consiste en fait à reprendre, dans des ouvrages à nouveau fortement antijudaïstes, des brides du *Poignard de la Foi*.

Et Jéhovah disparaît à nouveaux, puisqu'il n'est quasiment plus utilisé jusqu'au début du XVIIᵉ siècle.

En 1615, parait la *Confessio Fraternitatis*, second manifeste de la naissante fraternité Rose-Croix. Il y est alors mentionné « notre Seigneur Jéhovah ».

La Franc-maçonnerie naît plus tard dans une certaine continuité de ce mouvement et de l'esprit de ses chercheurs. Elle reprend à son compte le nom de Jéhovah, dès le 5ᵉ degré du Rite Écossais Ancien et Accepté.

Au XIXᵉ siècle, le théologien Alexander Mac Whorter affirme que le Nom de Dieu doit absolument être prononcé afin de pouvoir être sauvé. Il écrit que « Il sera démontré que ce nom, qui a été privé de ses véritables voyelles à cause d'une superstition des Juifs, n'est pas Jéhovah mais Yahvé. »[91]

Quant aux Témoins de Jéhovah, qui affirment que Jéhovah est le vrai Nom de Dieu, il est bon de noter qu'ils reconnaissent par ailleurs, dans la préface de leur traduction de la Bible, que ce nom n'a rien de divin,

---

[91] *Yahweh Christ, or, The Memorial Name*, Alexander Mac Whorter, Édité par G.J. Stiles & Company, 1857.

puisqu'il faut « considérer la prononciation 'Yahweh' comme étant la plus correcte ».[92]

Pour les Juifs, l'utilisation du Nom de Dieu reste globalement interdite et l'on considère que sa prononciation exacte reste inconnue. Certains utilisent toujours le nom de Yahweh, ou, plus anecdotiquement, de Jéhovah. Il en est ainsi de la brochure *L'Univers israélite*, publiée sur la période de 1844 à 1944, qui indique par exemple que « Jéhovah est toujours leur Dieu, le Dieu d'Abraham, d'Isaac et de Jacob ».[93]

Quant à El et Yaho, ils sont traduits quasiment dans toutes les traductions bibliques, ainsi que nous l'avons vu, tout simplement par « Dieu » ou « L'Éternel ».

---

[92] *Les Saintes Écritures – Traduction du Monde Nouveau*, Éditions Watchtower Bible and Tract Society, 1950.

[93] Numéro du 16 mars 1888.

© 2024, Alexandre Cauchois
Édition : BoD - Books on Demand, info@bod.fr
Impression : BoD - Books on Demand, In de
Tarpen 42, Norderstedt (Allemagne)
Impression à la demande
ISBN : 978-2-3225-3792-1
Dépôt legal : Août 2024

Crédit photo couverture :
CrossEyedPhotography, Istockphoto